Fabian Kurz

Wissensmanagement - Instrumente zur Bewertung von W

GRIN - Verlag für akademische Texte

Der GRIN Verlag mit Sitz in München hat sich seit der Gründung im Jahr 1998 auf die Veröffentlichung akademischer Texte spezialisiert.

Die Verlagswebseite www.grin.com ist für Studenten, Hochschullehrer und andere Akademiker die ideale Plattform, ihre Fachtexte, Studienarbeiten, Abschlussarbeiten oder Dissertationen einem breiten Publikum zu präsentieren.

Dokument Nr. V59715 aus dem GRIN Verlagsprogramm

Fabian Kurz

Wissensmanagement - Instrumente zur Bewertung von Wissen in Unternehmen

GRIN Verlag

Bibliografische Information der Deutschen Nationalbibliothek: Die Deutsche Bibliothek
verzeichnet diese Publikation in der Deutschen Nationalbibliografie; detaillierte bibliografische Daten sind im Internet über http://dnb.d-nb.de/ abrufbar.

1. Auflage 2005
Copyright © 2005 GRIN Verlag
http://www.grin.com/
Druck und Bindung: Books on Demand GmbH, Norderstedt Germany
ISBN 978-3-638-73571-1

Wissensmanagement

Instrumente zur Bewertung
von Wissen in Unternehmen

Hausarbeit
an der
FHWT Vechta
im Rahmen des Studiengangs zum
Diplom-Wirtschaftsinformatiker (FH)

vorgelegt von
Fabian Kurz
aus
Hannover

Datum: 28.02.2005

Inhaltsverzeichnis

Abkürzungsverzeichnis

BSC	Balanced Scorecard
CIV	Calculated Intangible Value
IAM	Intangible Asset Monitor
IC	Intellectual Capital
IT	Informationstechnologie

Abbildungsverzeichnis

1   Einleitung

1.1   Einführung in die Thematik

Das Thema Wissensmanagement wird heutzutage vielfach diskutiert. Wissen wird neben den klassischen Produktionsfaktoren (Arbeit, Kapital und Boden) nicht nur als fundamentale Einflussgröße bezeichnet, es ist zudem „die einzige Ressource, welche sich durch Gebrauch vermehrt."[1] Die sich abzeichnenden Trends stellen hohe Herausforderungen für Wissensmanager dar. Das zur Verfügung stehende Volumen an Informationsmedien verdoppelt sich mittlerweile alle fünf Jahre, die damit eingehende Spezialisierung schreitet weiter voran und die Zentren wissenschaftlichen und technischen Fortschritts verteilen sich über die ganze Welt.[2]

Verbunden mit der Frage, warum der Marktwert eines börsennotierten Unternehmens verglichen mit den bilanziell erfassten Vermögensposten gerade bei wissensintensiven Organisationen weit auseinander fällt, drängt sich eine Analyse und eine Bewertung intellektuellen Kapitals auf. In der heutzutage kennzahlenorientierten Welt des Managements gibt es erste Ansätze dieses Wissen auch bilanziell zu erfassen. Kenntnisse und Fähigkeiten von hochqualifizierten Mitarbeitern sowie Kundenbeziehungen, Image des Unternehmens und die informationstechnologische Infrastruktur sind einige Indikatoren, die in einer solchen Bilanz ausgewiesen werden können.[3] Welche Instrumente stehen zur Identifikation dieses verborgenen Kapitals zur Verfügung? Sind die hieraus zu gewinnenden Informationen nur für das eigene Unternehmen von Bedeutung oder existieren weitere Anspruchsgruppen?

1.2   Ziel und Struktur der Arbeit

Ziel dieser Arbeit ist es, zunächst konzeptionelle Grundlagen zu vermitteln, um dann anschließend auf die unterschiedlichen Instrumente zur Identifikation und Bewertung der Ressource Wissen eingehen zu können. Abschnitt 2 beschäftigt sich zum einen mit der Abgrenzung von Wissen und Informationen und zum anderen mit verschie-

---

[1]   PROBST, G. / RAUB, S. / ROMHARDT, K. (2003), S. 1.
[2]   Vgl.: PROBST, G. / RAUB, S. / ROMHARDT, K. (2003), S. 6-7.
[3]   Vgl.: PROBST, G. / RAUB, S. / ROMHARDT, K. (2003), S. 4.

denen Wissensarten. Im Abschnitt 3 wird ausschließlich auf den weitverbreiteten Wissensmanagementansatz von Probst, Raum und Romhardt eingegangen. Der Verzicht auf das Modell der Wissensschaffung von Nonaka und Takeuchi oder den technischorientierten Ansatz von Laudon und Laudon stellt keine Wertung dar. Mit den unterschiedlichen Instrumenten zur Identifikation und Bewertung der Ressource Wissen wird sich in Abschnitt 4 auseinander gesetzt. Abschließend erfolgt ein Fazit

2 Wissen

2.1 Zeichen, Daten, Informationen und Wissen

Die Vorstellungen über den Kernbegriff Wissen gehen bei Praktikern und Wissenschaftlern weit auseinander. Zur Schaffung einer gemeinsamen Basis werden die unterschiedlichen Elemente, die in Abbildung 1 aufgeführt sind nachfolgend erläutert.

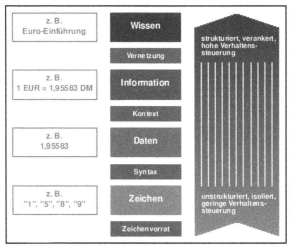

Abbildung 1: Zeichen, Daten, Information und Wissen
Quelle: Eigene Darstellung in Anlehnung an Probst, G. / Raub, S. / Romhardt, K. (2003), S. 16-17.

Einzelne ungeordnete Zeichen stellen die Basis dar. Durch die Anwendung von Syntaxregeln werden diese zu Daten.[4] Als Informationen können Daten bezeichnet

---
[4]   Vgl.: PROBST, G. / RAUB, S. / ROMHARDT, K. (2003), S. 16.

werden, wenn sie in einen Problembezug eingeordnet werden können und dem Empfänger zum Erreichen eines Zieles dienen.[5] Erst die Verknüpfung von Informationen mit Erfahrungen, Gefühlen, Werten und Ahnungen zu einem Sinnzusammenhang ermöglicht deren Nutzung.[6] Wissen ergibt sich erst durch Interpretation und Kombination verschiedener Informationen, mit dem sich konkrete Aufgaben und Probleme lösen lassen.[7]

Der Wert der Ressource Wissen wird erst durch die Interpretation von Daten und die Transformation in Wissen deutlich.[8] Diese „Fähigkeit, Daten in Wissen zu transformieren und dieses für das Unternehmen vorteilhaft einzusetzen, macht das Individuum zum zentralen Träger der organisationalen Wissensbasis."[9]

2.2   Arten von Wissen

Es gibt unterschiedliche Arten von Wissen. Eine mögliche Differenzierung kann zwischen individuellem und kollektivem Wissen erfolgen. Individuelles Wissen befindet sich in den Köpfen der einzelnen Mitarbeiter und ist mit allen Bereichen der menschlichen Psyche verbunden. Kollektives Wissen hingegen bedeutet, dass derselbe Wissensinhalt von mehreren Individuen zur Problemlösung genutzt wird. Durch diese Kooperation vermehrt sich sowohl die Wissensbasis der Gruppe als auch der einzelnen Mitglieder.[10]

Eine weitere Unterscheidung erfolgt durch Trennung in implizites und explizites Wissen. Unter explizitem Wissen wird standardisierbares und in Strukturen, Prozessen, Technologien, Bibliotheken und Datenbanken anlegbares Wissen verstanden. Es kann einfach beschrieben werden und damit leicht und uneingeschränkt übertragen bzw. kommuniziert werden.

[5] Vgl.: BAUMGART, K. (2002), S. 22.
[6] Vgl.: LUCKO, S. / TRAUNER, B. (2002), S. 7.
[7] Vgl.: AL-LAHAM, A. (2003), S. 28.
[8] Vgl.: PROBST, G. / RAUB, S. / ROMHARDT, K. (2003), S. 16-17.
[9] PROBST, G. / RAUB, S. / ROMHARDT, K. (2003), S. 18.
[10] Vgl.: BODROW, W. / BERGMANN, P. (2003), S. 39-40.

Implizites Wissen ist das personengebundene und schwierig zu beschreibende Wissen, welches sich in Idealen, Werten und Gefühlen ausdrückt.[11] Es basiert auf Erfahrungen und ist an die subjektive Wahrnehmung eines jeden Individuums gekoppelt.

3 Wissensmanagement nach Probst, Raub, Romhardt

3.1 Wissensziele definieren

Wissensmanagement funktioniert nur, wenn es als kontinuierlicher Prozess aufgefasst wird. Der erste Baustein dieses Prozesses, der sich in sieben Teile untergliedert und in Abbildung 2 zu betrachten ist, befasst sich mit der Formulierung von Wissenszielen in Abhängigkeit der Unternehmensziele.

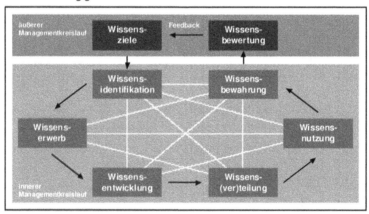

Abbildung 2: Bausteine des Wissensmanagement
Quelle: Entnommen aus Probst, G. / Raub, S. / Romhardt, K. (2003), S. 32
                 (leicht modifiziert).

Es werden üblicherweise drei Zielebenen unterschieden. Normative Ziele beziehen sich auf die grundlegenden unternehmenskulturellen Aspekte in Form einer Vision. Dies kann beispielsweise die Schaffung eines Unternehmensleitbildes beinhalten. Die überzeugende Kommunikation dieser wissensorientierten Perspektive durch das oberste Management ist von besonders großem Wert, denn ohne eine solche Grundlage werden nachfolgende Maßnahmen auf strategischer und operativer

---

[11] Vgl.: BODROW, W. / BERGMANN, P. (2003), S. 40-41.

Ebene wenig erfolgreich sein.[12] Die strategische Ebene beschäftigt sich mit langfristigen Wissensprogrammen, die sich zum Aufbau von Kernkompetenzen und Organisationsstrukturen aus der Vision ableiten. Hier wird der künftige Bedarf an Fähigkeiten beschrieben und entschieden, welches Wissen im Unternehmen gefestigt, neu aufgebaut oder verworfen werden soll. Durch diese Ausrichtung wird sich bewusst auf eine begrenzte Anzahl von Aktivitäten beschränkt, um von einer ursprünglichen Diversifikation zur Spezialisierung zu gelangen.[13] Auf der operativen Ebene werden die strategischen Ziele zur Umsetzung im Arbeitsalltag differenziert. Diese Ziele ermöglichen eine gezielte Steuerung der Ressource Wissen im Rahmen von Projekten und anderen Umsetzungsaktivitäten.[14] In der Praxis könnte dies beispielsweise der Besuch von mindestens drei Seminaren je Mitarbeiter und Jahr bedeuten.

3.2 Wissen identifizieren

Zur effektiven Weiterentwicklung der Wissensbasis des Unternehmens ist neben der Zieldefinition auch die Kenntnis über den vorhandenen Wissensstand erforderlich. Der Zugriff auf Experten zu kritischen Themen muss durch die Schaffung von Transparenz von internem und extern vorhandenem Know-How gewährleistet werden. Die Organisation muss sich über ihre eigenen Fähigkeiten bewusst werden und die kritischen Wissensträger identifizieren. Wo liegen möglicherweise die Risiken eines personellen Abgangs vor dem Hintergrund der Erreichung der Unternehmensziele? Häufig werden potentielle Kooperationen mit externen Mitarbeitern gänzlich vernachlässigt. So entgeht der Organisation entscheidendes Potential des Wissensimports. Auch die Identifikation von Wissenslücken stellt ein wichtiges Ergebnis dar, da sie ein wirksamer Auslöser von Lernprozessen ist.[15]

3.3 Wissen erwerben

Durch die in der Einleitung bereits erwähnte Wissensexplosion und die Fragmentierung besteht die Gefahr, dass Unternehmen oft nicht fähig sind, das benötigte Know-How selbst zu entwickeln. Das Wissen muss durch andere Wege und Maßnahmen in

---

[12] Vgl.: PROBST, G. / RAUB, S. / ROMHARDT, K. (2003), S. 40-41.
[13] Vgl.: PROBST, G. / RAUB, S. / ROMHARDT, K. (2003), S. 48.
[14] Vgl.: PROBST, G. / RAUB, S. / ROMHARDT, K. (2003), S. 52-53.
[15] Vgl.: PROBST, G. / RAUB, S. / ROMHARDT, K. (2003), S. 63-65.

- 6 -

das Unternehmen gebracht werden. Üblicherweise kann dies durch Rekrutierung externer Wissensträger, Bildung von Kooperationen mit anderen Firmen, Nutzen des Wissens von und über Kunden oder den Erwerb von Wissensprodukten wie beispielsweise Patenten erfolgen. Temporäre oder feste Anstellungen von Beratern oder Arbeitnehmern gehören zum Einkauf externer Ressourcen. Im Gegensatz zum Zugriff auf einzelne Wissensträger erfolgt bei der Kooperation der Zugang zu ganzen Wissensbasen anderer Firmen. So können vorhandene Wissenslücken gezielt geschlossen werden. Hierbei können sich auch Probleme einstellen. Nicht nur, dass sich Wissensprodukte aufgrund der geringen Markttransparenz schwer vergleichen lassen und damit potentiell unsicher in der zu erwerbenden Qualität sind, es kann auch häufig zu Abwehrreaktionen gegen externes Wissen kommen. So müssen die Barrieren gegenüber Importen vermieden werden, da zum einen die bestehende innere Stabilität der Organisation gefährdet ist und zum anderen möglicherweise ineffiziente Entscheidungen für ein vermeintlich besseres internes Produkt gefällt werden.[16]

3.4   Wissen entwickeln

Die Eigenentwicklung bisher noch nicht bestehender Fähigkeiten im Unternehmen selbst ist die Alternative zum externen Erwerb von Wissensressourcen. Dies ist unter Umständen nicht nur kostengünstiger, es kann vor allen Dingen die Motivation und Identifikation der Mitarbeiter fördern, wenn durch neue Ideen und Kreativität Wissen mit eigenen Ressourcen geschaffen werden kann. Kreativität, Ideen und Einfälle lassen sich allerdings nur schwer steuern. Existierende Kreativitätstechniken wie beispielsweise Brainstorming oder das betriebliche Vorschlagswesen sollen positiv auf den Wissensentwicklungsprozess einwirken. Wichtigste Voraussetzung ist allerdings die Schaffung von Freiräumen, so dass Innovationen nicht schon in der Entstehung zerstört werden. Innovationen stehen immer vorhandenen Normen, Erkenntnissen und Ordnungen gegenüber, was eine Durchsetzung enorm erschwert.[17]

---

[16]   Vgl.: PROBST, G. / RAUB, S. / ROMHARDT, K. (2003), S. 93-94.
[17]   Vgl.: PROBST, G. / RAUB, S. / ROMHARDT, K. (2003), S. 118-119.

3.5 Wissen (ver)teilen

Bei diesem Baustein geht es um die Verteilung von Wissen auf die richtigen Mitarbeiter bzw. die Positionierung von notwendigem organisationalen Wissen an den Stellen, an denen es dringend gebraucht wird. Nicht nur die rein technische Verteilung von Wissen soll hier betrachtet werden, sondern viel mehr die Übertragung, die nur durch den persönlichen Austausch zwischen Individuen erfolgen kann. Hierbei sind allerdings einige Schwierigkeiten festzustellen. Wissen wird häufig geheim gehalten und nicht weitergegeben, da es nicht nur Macht und Ansehen manifestiert, sondern auch maßgeblich den eigenen Arbeitsplatz sichert. Die Angst davor, sich durch Weitergabe von Wissensvorteilen möglicherweise überflüssig zu machen, hemmt die Verteilung solcher meist impliziter Ressourcen. Auf der anderen Seite ist es im Zeitalter der elektronischen Kommunikation in Form von kostengünstigem Versand von eMails sehr schwierig, aus den meist im Überfluss zur Verfügung gestellten Informationen die für sich bzw. den Arbeitsplatz relevanten Teile zu extrahieren.[18] Bürokommunikationssysteme wie beispielsweise Lotus Notes sollen hier mit der Implementierung von (Wissens-)Datenbanken erhebliche Vorteile bringen und direkten Einfluss auf die Qualität des Service am Kunden haben. So können Mitarbeiter beispielsweise umgehend durch Zugriff auf eine zentrale Datenbank Einblick in sämtliche Kundenaktivitäten bekommen und ihm kompetent zur Verfügung stehen.[19] Die organisatorische Verteilung von Wissen kann durch so genannte Wissensmultiplikatoren oder Wissensnetzwerke erfolgen. Erstgenannte geben ihr in Seminaren erworbenes Wissen wiederum durch Schulungen an die Kollegen weiter.[20] Bei zweitgenanntem Verfahren beziehen die Mitarbeiter Informationen aus technischen Systemen. Eine Kombination beider Strategien ist sinnvoll, da sie einander nicht ausschließen.[21]

3.6 Wissen nutzen

Dieser Baustein stellt sicher, dass das neu erworbene individuelle und organisationale Wissen auch im betrieblichen Prozess angewendet wird. Allein die Identifikation

[18] Vgl.: PROBST, G. / RAUB, S. / ROMHARDT, K. (2003), S. 141-142.
[19] Vgl.: PROBST, G. / RAUB, S. / ROMHARDT, K. (2003), S. 146.
[20] Vgl.: PROBST, G. / RAUB, S. / ROMHARDT, K. (2003), S. 149.
[21] Vgl.: BODROW, W. / BERGMANN, P. (2003), S. 48.

von Wissenslücken und die daraufhin ausgerichtete Entwicklung oder der Erwerb von Wissen reicht nicht aus. Es müssen Konzepte geschaffen werden, in denen das persönliche Arbeitsumfeld die Anwendung des erarbeiteten Wissens fördert und somit auch zu dessen tatsächlicher Nutzung beiträgt.[22] Werden Wissensdatenbanken nicht genutzt und weiterentwickelt, so sinkt die Datenqualität und damit das Vertrauen in die Technologie. Innerhalb kürzester Zeit bewirkt diese Todesspirale eine völlige Ablehnung und das mühsam zusammengetragene Wissen liegt brach.[23] Um diesem Phänomen entgegenzuwirken, spielen bei der Entwicklung bzw. Implementierung Einfachheit, Zeitgerechtigkeit und Anschlussfähigkeit eine entscheidende Rolle. Die gewünschten Informationen müssen intuitiv und schnell auffindbar sein.[24]

3.7 Wissen bewahren

Wenn Mitarbeiter das Unternehmen verlassen, besteht die Gefahr, auf Expertenwissen spontan nicht mehr zugreifen zu können. Gerade vor dem Hintergrund von Umstrukturierungsmaßnahmen und Outsourcing sind unwiederbringliche Verluste zu verzeichnen. Der Prozess der Wissensbewahrung unterteilt sich in die Bereiche der Selektion, der Speicherung und der Aktualisierung und hat das Ziel, Know-How auch in der Zukunft abrufbereit zu haben.[25] Wertloses Wissen ist von wertvollem und bewahrungswürdigem Wissen zu trennen und zu speichern.[26] Die Speicherung kann individuell, kollektiv oder elektronisch erfolgen. Eine andere Form der Wissensbewahrung ist schon die vorherige Verhinderung des Abgangs wertvoller Wissensträger im Unternehmen. Austrittsbarrieren können beispielsweise durch Anreizsysteme für Experten oder ein exzellentes Betriebsklima aufgebaut werden.[27]

3.8 Wissen bewerten

Dieser Baustein beschäftigt sich damit, „den Erfolg der gesetzten Wissensziele und der Umsetzung anhand des Wertes des intellektuellen Kapitals zu messen."[28] Die

---

[22] Vgl.: PROBST, G. / RAUB, S. / ROMHARDT, K. (2003), S. 177.
[23] Vgl.: BODROW, W. / BERGMANN, P. (2003), S. 49.
[24] Vgl.: PROBST, G. / RAUB, S. / ROMHARDT, K. (2003), S. 178-179.
[25] Vgl.: PROBST, G. / RAUB, S. / ROMHARDT, K. (2003), S. 193.
[26] Vgl.: BODROW, W. / BERGMANN, P. (2003), S. 49.
[27] Vgl.: PROBST, G. / RAUB, S. / ROMHARDT, K. (2003), S. 198.
[28] LUCKO, S. / TRAUNER, B. (2002), S. 54.

Indikatoren sind auf die normative, strategische und operative Zielebene auszurichten. Der Prozess der Wissensbewertung unterteilt sich in die Phase der Wissensmessung bzw. der „Sichtbarmachung von Veränderungen der organisatorischen Wissensbasis"[29] und der Interpretation dieser Veränderungen, d.h. der eigentlichen Bewertung, inwiefern die definierten Wissensziele erreicht wurden. Da Wissen und die zugehörigen Indikatoren nicht-monetäre Kenngrößen darstellen, sind diese in der Praxis von Controllern schwer zu operationalisieren. Diese Intransparenz zieht sich auch durch die externe Bewertung wissensbasierter Unternehmen anhand des Marktwertes und des Buchwertes. Dieser wird durch unterschiedliche Rechnungslegungsstandards, die beispielsweise Aktivierung und Abschreibung immaterieller Vermögensgegenstände differierend behandeln, ermittelt.[30] Der Betrachtungsgegenstand der beiden Phasen der Bewertung ist das intellektuelle Kapital eines Unternehmens. Die Begriffe Kapital und Vermögen werden für das weitere Begriffsverständnis als äquivalent angesehen. BROOKING bezeichnet den Wert eines Unternehmens als Summe des materiellen Vermögens und des intellektuellen Kapitals.[31] Nach EDVINSSON unterteilt sich das Wissenskapital in Humankapital und Strukturkapital, welches sich wiederum in Kunden- und Organisationskapital gliedert.[32] Darunter sind einerseits Erfahrungen, Problemlösungsfähigkeit und Führungsstärke zu verstehen und andererseits gespeichertes Wissen in Dokumenten, ebenso wie Patente, Innovationsvermögen, Beziehungsgeflechte, Unternehmenskultur und -technologie.[33] SVEIBY unterscheidet zwischen der Kompetenz der Mitarbeiter, externer und interner Struktur.[34] Auf die Instrumente zur Bewertung wird im folgenden Kapitel eingegangen.

---

[29] PROBST, G. / RAUB, S. / ROMHARDT, K. (2003), S. 213.
[30] Vgl.: PROBST, G. / RAUB, S. / ROMHARDT, K. (2003), S. 215.
[31] Vgl.: BROOKING, A. (1997), S. 12.
[32] Vgl.: EDVINSSON, L. / BRÜNING, G. (2000), S. 18.
[33] Vgl.: LUCKO, S. / TRAUNER, B. (2002), S. 55.
[34] Vgl. SVEIBY, K.-E. (1998), S. 31.

4   Bewertungsmethoden von Wissen

4.1   Deduktiv summarische Ansätze

4.1.1   Marktwert-Buchwert-Relation

Dieses Verfahren gehört wie die beiden nachfolgenden zur Klasse der deduktiv summarischen Ansätze, welche die „Erklärungslücke zwischen den Bestandsgrößen der Marktkapitalisierung und den in der Bilanz angesetzten Vermögensgegenständen"[35] zu erklären versuchen. Die Kennzahl wird aus der Differenz zwischen der Aktivseite der Bilanz und dem Marktwert gebildet.[36] Im Falle eines börsennotierten Unternehmens gestaltet sich die Ermittlung sehr einfach. Dieser Ansatz ist allerdings aus unterschiedlichen Gründen für die Praxis wenig sinnvoll einsetzbar. Die Schwankungen am Markt führen ebenso zu einer Veränderung der Kennzahl wie die je nach Bilanzierungsvorschrift unterschiedliche Bewertung des Eigenkapitals. Eine unternehmensinterne Identifizierung der Ursache ist wegen der Pauschalbetrachtung nicht möglich. Ebenso schwierig gestaltet sich die Interpretation einer negativen Kennzahl, wenn der Marktwert unter den Buchwert des Unternehmens sinkt. Da sich auch der Buchwert je nach Auslegung, Wahl und Inanspruchnahme der Rechnungslegung in einem bestimmten Korridor bewegt, kann die Differenz aus Markt- und Buchwert nur als grobe Richtgröße bzw. Vergleichsgröße zu Vorperioden in der eigenen Organisation gelten. Während sich diese absolute Kennzahl für den unternehmensübergreifenden Vergleich nicht eignet, kann möglicherweise der Quotient beider Größen aussagekräftiger sein.[37]

4.1.2   Tobin's q

Das Konzept von JAMES TOBIN basiert auf dem Quotienten des Marktwertes des Eigenkapitals und den Wiederbeschaffungskosten der bilanziell erfassten Vermögenswerte und stellt, wenn auch ursprünglich für Investitionsentscheidungen geschaffen, einen Indikator für den Wert immateriellen Vermögens dar. Ein Wert über 1 ist ein Maß für die Nachhaltigkeit der Wettbewerbsposition, da er auf dem unternehmens-

---

[35] WIEDENHOFER, M. (2003), S.101.
[36] Vgl.: LUCKO, S. / TRAUNER, B. (2002), S. 17.
[37] Vgl.: WIEDENHOFER, M. (2003), S.104.

spezifischen Einsatz der Ressourcen basiert.[38] Diese Kennzahl eignet sich besser als die einfache Differenz zwischen Markt- und Buchwert, hat aber ähnliche Kritikpunkte. Durch die Pauschalisierung sind externe Einflussfaktoren nicht zu selektieren. Auch die Vergleichbarkeit über verschiedene Branchen hinweg ist durch den unterschiedlichen Bedarf und Einsatz von Vermögenswerten nicht möglich.

4.1.3 Calculated Intangible Value

Die Bestimmung des Calculated Intangible Value (CIV), welcher auf das Unternehmen NCI Research zurück geht, lehnt sich an Verfahren zur Markenbewertung an und setzt voraus, dass der Marktwert sich hauptsächlich auf immaterielle Vermögenswerte stützt und nicht auf die bilanziell erfassten Anlagegüter. „Demnach entspricht der Wert des immateriellen Vermögens der Fähigkeit des Unternehmens, die Leistung eines durchschnittlichen Wettbewerbers mit ähnlicher (tangibler) Vermögensausstattung durch seine effektivere Bewirtschaftung zu übertreffen."[39] Nach Abzug der Körperschaftssteuer bestimmt sich die immaterielle Aktivseite eines Unternehmens aus der Differenz zwischen dem Ertrag des eigenen Unternehmens und dem Durchschnittsertrag der Wettbewerber.

Ein fallender CIV kann als unverhältnismäßig hoher Verlust nachhaltiger immaterieller Ressourcen interpretiert werden. Das Verhältnis von Markt- und Buchwert verläuft in dieser Situation ähnlich. Ein hingegen steigender Wert deutet auf eine starke Marktposition hin, mit der sich künftig Cash Flow erzielen lässt. Der CIV leistet, bei erfolgreicher Ermittlung der durchschnittlichen branchenspezifischen Gesamtkapitalrendite, eine aussagekräftige unternehmensübergreifende Bewertung. Allerdings stellt die branchenübliche Rendite eine schwer bis nicht zu ermittelnde Größe dar.[40]

[38] Vgl.: WIEDENHOFER, M. (2003), S.104-105.
[39] WIEDENHOFER, M. (2003), S.106.
[40] Vgl.: WIEDENHOFER, M. (2003), S.106-107.

4.2   Induktiv analytische Ansätze

4.2.1   Balanced Scorecard

Die Balanced Scorecard (BSC) gehört zu den Indikatorensystemen, die über eine Operationalisierung von strategischen Zielsetzungen die „mangelhafte Abbildbarkeit von immateriellen Werten durch finanzielle Steuergrößen"[41] kompensieren sollen. Sie ist ein bereits auf dem Markt etabliertes Werkzeug zur Unternehmensführung, das von ROBERT S. KAPLAN und DAVID P. NORTON vor dem Hintergrund entwickelt wurde, nicht nur finanzwirtschaftliche Aspekte, sondern auch die Kunden-, Mitarbeiter- und interne Prozessperspektive in eine ganzheitliche Steuerung zu integrieren, ohne allerdings ursprünglich auf die Betrachtung von intellektuellem Kapital orientiert zu sein.[42] Sie versteht sich als Managementsystem, welches durch eine ausgewogene Betrachtung der verschiedenen Einflussfaktoren, Messgrößen, Ziele und Stakeholderinteressen ein umfassendes Gesamtbild erstellen soll, um eine aussagekräftige Grundlage für die Unternehmenssteuerung zu bieten.[43] Die drei nicht-monetären Perspektiven stimmen im Wesentlichen mit der Begriffsdefinition von SVEIBY über immaterielle Vermögenswerte[44] überein. Die Zielvorstellungen weichen allerdings von den Zielen der Wissensbewertung ab. Die BSC „dient zur Darstellung, Transparenz und Korrektur der Erfüllung vorgegebener Ziele und ist somit ein leicht nutzbares Kommunikations- und Informationsinstrument"[45], welches weniger zur unmittelbaren Bewertung von Wissen und Kompetenz verwendet wird.

4.2.2   Intangible Asset Monitor

Der Intangible Asset Monitor (IAM) von KARL-ERIK SVEIBY ist ein Konzept zur systematischen Erfassung und Darstellung von immateriellen Vermögenswerten, welche sich in die Kategorien externe Struktur, interne Struktur und Kompetenz der Mitarbeiter aufteilt. Dieses Konzept sieht für jeden der drei Bereiche Indikatoren für Wachstum/Erneuerung, Effizienz und Stabilität vor.[46] Unter der externen Kompo-

---

[41] WIEDENHOFER, M. (2003), S.101.
[42] Vgl.: BODROW, W. / BERGMANN, P. (2003), S. 92.
[43] Vgl.: WIEDENHOFER, M. (2003), S.108.
[44] Siehe Abschnitt 3.8 und Abschnitt 4.2.2.
[45] BODROW, W. / BERGMANN, P. (2003), S. 95.
[46] Vgl.: SVEIBY K.-E. (1998), S. 225.

nente sind die Beziehungen zu Kunden und Lieferanten sowie Image und Marken gemeint. Ein Indikator für Wachstum/Erneuerung kann beispielsweise Gewinn pro Kunde sein. Der Index der Kundenzufriedenheit beispielsweise wird den Effizienzindikatoren zugeordnet, während der Anteil an Aufträgen von Stammkunden als Indikator für den Bereich Stabilität eingesetzt werden kann.[47] Die interne Struktur umfasst Patente, Konzepte, Modelle sowie Computer- und Verwaltungssysteme, die durch Mitarbeiter des Unternehmens erstellt werden. Die Höhe der Investitionen in Informationstechnologie (IT), des Umsatzes pro Mitarbeiter und das Alter des Unternehmens gehören zu den Indikatoren dieser Gruppe.[48] Die Fähigkeit von Personen in bestimmten Situationen zu handeln, basierend auf Ausbildung und Erfahrung, determiniert die Kompetenz der Mitarbeiter. In der Abbildung 3 werden ausgewählte Indikatoren übersichtlich den Ebenen zugeordnet.

Abbildung 3: Beispiels eines Intangible Asset Monitors
Quelle: Entnommen aus Sveiby, K.-E. (1998), S. 270 (leicht modifiziert).

Die hohe Anzahl möglicher Indikatoren und die strukturierte Betrachtungsweise durch Kategorisierung machen den IAM zu einem guten Instrument, das immaterielle Vermögen neben den sonst üblicherweise betrachteten finanziellen Ressourcen übersichtlich darzustellen. Das schwedische Unternehmen WM-Data beispielsweise verwendet den IAM ergänzend im Jahresabschluss.[49] Ein Indikatorensystem kann aber nur dann als geeignetes Bewertungssystem eingesetzt werden, wenn sich die herkömmlichen Ansätze der Bewertung auf Basis monetärer Kennzahlen als unbrauchbar herausstellen.[50]

---

[47] Vgl.: SVEIBY K.-E. (1998), S. 248-249.
[48] Vgl.: SVEIBY K.-E. (1998), S. 240-241.
[49] Vgl.: SVEIBY K.-E. (1998), S. 216.
[50] Vgl.: BODROW, W. / BERGMANN, P. (2003), S. 91.

- 14 -

4.2.3 Intellectual Capital Navigator

Der von LEIF EDVINSSON im schwedischen Finanzdienstleistungsunternehmen Skandia entwickelte Intellectural Capital (IC) Navigator ist ein auf Indikatoren basierendes System zur Bewertung von Wissenskapital, welches auf der konzeptionellen Grundlage der BSC aufsetzt. Abbildung 4 zeigt, dass neben der konventionellen Finanzperspektive der Schwerpunkt durch Kundenfokus und Humanfokus (gegenwärtigen Betrachtung) und Prozessfokus und Fokus Erneuerung und Entwicklung (künftige Betrachtung) auf wissensbasierte Ressourcen gelegt wird.[51] Während die BSC sich eher intern orientiert, stellt auch die externe Kommunikation durch den IC-Navigator der Skandia eine wichtige Komponente dar.[52]

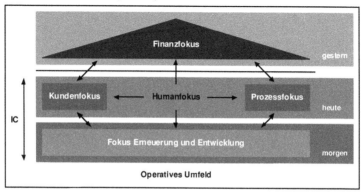

Abbildung 4: IC-Navigator der Skandia
Quelle: Entnommen aus Edvinsson, L. / Brüning, G. (2000), S.58 (leicht modifiziert).

Jedes Wissenskapital wird zu einem bestimmten Zeitpunkt in Geld umgewandelt, da es niemals dem Selbstzweck dient. Der Finanzfokus wird für die Erfassung monetärer Kennzahlen zur Vergangenheitsbetrachtung eingesetzt. Als Indikatoren lassen sich absolute Zahlen wie das Gesamtvermögen aufführen oder aber auch Verhältniszahlen wie beispielsweise Gewinne pro Mitarbeiter oder Einnahmen durch Neukunden bezogen auf die Gesamteinnahmen. Kundenorientierte Kennzahlen wie beispielsweise der Marktanteil, die Anzahl der Kunden oder der Jahresumsatz je Kunde

[51] Vgl.: EDVINSSON, L. / BRÜNING, G. (2000), S. 24.
[52] Vgl.: WIEDENHOFER, M. (2003), S.109.

finden sich im Bereich des Kundenfokus wieder.[53] Der Prozessfokus „beschäftigt sich mit der Rolle der Technologie als Werkzeug zur Unterstützung der Wertschöpfung in Unternehmen."[54] Hier können die Kosten für IT pro Mitarbeiter oder die Verwaltungskosten bezogen auf die Summe der Einnahmen angeführt werden.[55] Der Fokus Erneuerung und Entwicklung vereinigt die Bereiche Kunden, Mitarbeiter, Infrastruktur, strategische Partner, Produkte und Dienstleistungen sowie Marktattraktivität, in denen mit Blick in die Zukunft notwendigerweise eine Weiterentwicklung stattfindet bzw. stattfinden muss. Indikatoren hierfür sind beispielsweise der Kundenzufriedenheitsindex, die Weiterbildungskosten pro Mitarbeiter oder die Investitionen in die Entwicklung neuer Märkte.[56] Die fünfte Komponente wird Humanfokus genannt und soll Aufschluss über die eigene Personalstruktur geben, was beispielsweise gleichzeitig die Herausforderung der objektiven und ökonomischen Bewertung von Qualifikationen mit sich bringt. Die Anzahl der Mitarbeiter, Mitarbeiterfluktuation oder ein Motivationsindex können hier als Indikatoren verwendet werden. Auf die mathematische Berechnung durch die so genannte IC-Gleichung wird in dieser Arbeit verzichtet.

5 Fazit

Wissen hat sich zum entscheidenden Wertschöpfungsfaktor entwickelt. Allerdings lassen sich für dessen Bewertung nur schwer geeignete Systeme finden. Die vorliegende Arbeit hat einen Überblick über die Instrumente zur Messung und Bewertung immaterieller Vermögensgegenstände in Unternehmen gegeben.

Während sich die Konstruktion eines adäquaten Bewertungssystems, bei Vernachlässigung des Kostengesichtspunktes, als durchaus realisierbares Projekt darstellt, liegt das Problem solcher Maßnahmen eher in der Interpretation der Ergebnisse.[57] Welche Konsequenzen werden aus den gewonnenen Erkenntnissen abgeleitet? Wie kann eine globale Vergleichbarkeit gewährleistet werden? Aufgrund unterschiedlicher Rechnungslegungsstandards können schon die verhältnismäßig einfach zu ermit-

---

[53] Vgl.: EDVINSSON, L. / BRÜNING, G. (2000), S. 82.
[54] BODROW, W. / BERGMANN, P. (2003), S. 102.
[55] Vgl.: EDVINSSON, L. / BRÜNING, G. (2000), S. 90.
[56] Vgl.: EDVINSSON, L. / BRÜNING, G. (2000), S. 96-97.
[57] Vgl.: SVEIBY K.-E. (1998), S. 215.

telnden finanziellen Ressourcen auseinander liegen. Nach welchen Kriterien sollen externe Anspruchsgruppen ihre Investitionen tätigen? Wie ermittelt sich der „wahre" Unternehmenswert?

Der auf eine Bewertung von intellektuellem Kapital konsequent folgende Schritt ist die Erstellung einer Wissensbilanz als Ergänzung zur periodisch publizierten Geschäftsbilanz, aus der sowohl Share- als auch Stakeholder transparente Informationen über die Unternehmung entnehmen können. Auf die Abhandlung wurde allerdings in dieser Arbeit wegen des beschränkten Umfangs verzichtet.

Wissensmanagement bedeutet die sinnvolle Organisation und der bewusste Umgang mit Wissen, mit dem Ziel Wettbewerbsvorteile zu realisieren.[58] Bei der Implementierung von Wissensmanagement im Unternehmen können verborgene Ressourcen sichtbar werden, die es bewusst und strategisch geschickt einzusetzen gilt.

---

[58] Vgl.: LUCKO, S. / TRAUNER, B. (2002), S. 10.

17

Literaturverzeichnis

AL-LAHAM, A. (2003):

Organisationales Wissensmanagement: Eine strategische Perspektive, München 2003.

BAUMGART, K. (2002):

Einzel- und volkswirtschaftliche Wirkungen effizienter Wissensnutzung: Eine institutionenökonomische Analyse, Wiesbaden 2002.

BODROW, W. / BERGMANN, P. (2003):

Wissensbewertung in Unternehmen: Bilanzierung von intellektuellem Kapital, Berlin 2003.

BROOKING, A. (1997):

Intellectual Capital – Core Assets for the Third Millenenium Enterprise, London 1997.

EDVINSSON, L. / BRÜNING, G. (2000):

Aktivposten Wissenskapital – Unsichtbare Werte bilanzierbar machen, Wiesbaden 2000.

LUCKO, S. / TRAUNER, B. (2002):

Wissensmanagement: 7 Bausteine für die Umsetzung in der Praxis, München u a. 2002.

PROBST, G. / RAUB, S. / ROMHARDT, K. (2003):

Wissen managen: Wie Unternehmen ihre wertvollste Ressource optimal nutzen, 4., überarbeitete Auflage, Wiesbaden 2003.

SVEIBY, K.-E. (1998):

Wissenskapital – Das unentdeckte Vermögen: immaterielle Unternehmenswerte aufspüren, messen und steigern, Landsberg/Lech 1998.

WIEDENHOFER, M. (2003):

Bewertung von Kernkompetenzen: Strategische Ressourcen als Realoption, Wiesbaden 2003.